THIS
PLANT
JOURNAL

belongs to

_____

Dedicated to my mom Cynthia!
You are the reason I am a crazy plant lady!

NAME: _____ FULL NAME: _____

ACQUIRED DATE: _____ FROM: _____

light & temp	water	apply

☐ INDOOR ☐ OUTDOOR

PLANT NOTES:

_____

_____

_____

_____

_____

_____

_____

_____

_____

_____

_____

PLANT # ___

NAME: _____ FULL NAME: _____

ACQUIRED DATE: _____ FROM: _____

light & temp	water	apply

☐ INDOOR ☐ OUTDOOR

PLANT NOTES:

_____

_____

_____

_____

_____

_____

_____

_____

_____

_____

_____

PLANT # ___

NAME: _____ FULL NAME: _____

ACQUIRED DATE: _____ FROM: _____

light & temp	water	apply

☐ INDOOR ☐ OUTDOOR

PLANT NOTES:

_____

_____

_____

_____

_____

_____

_____

_____

_____

_____

PLANT # ___

NAME: _____ FULL NAME: _____

ACQUIRED DATE: _____ FROM: _____

light & temp	water	apply

☐ INDOOR ☐ OUTDOOR

PLANT NOTES:

_____

_____

_____

_____

_____

_____

_____

_____

_____

_____

_____

PLANT # ___

NAME: _____ FULL NAME: _____

ACQUIRED DATE: _____ FROM: _____

light & temp	water	apply

☐ INDOOR ☐ OUTDOOR

PLANT NOTES:

_____

_____

_____

_____

_____

_____

_____

_____

_____

_____

_____

PLANT # ___

NAME: _____ FULL NAME: _____

ACQUIRED DATE: _____ FROM: _____

light & temp	water	apply

☐ INDOOR ☐ OUTDOOR

PLANT NOTES:

_____

_____

_____

_____

_____

_____

_____

_____

_____

_____

_____

PLANT # ___

NAME: _____ FULL NAME: _____

ACQUIRED DATE: _____ FROM: _____

light & temp	water	apply

☐ INDOOR ☐ OUTDOOR

PLANT NOTES:

_____

_____

_____

_____

_____

_____

_____

_____

_____

_____

PLANT # ___

NAME: _____ FULL NAME: _____

ACQUIRED DATE: _____ FROM: _____

light & temp	water	apply

☐ INDOOR ☐ OUTDOOR

PLANT NOTES:

_____

_____

_____

_____

_____

_____

_____

_____

_____

_____

_____

PLANT # ___

NAME: _____ FULL NAME: _____

ACQUIRED DATE: _____ FROM: _____

light & temp	water	apply

☐ INDOOR ☐ OUTDOOR

PLANT NOTES:

_____

_____

_____

_____

_____

_____

_____

_____

_____

_____

PLANT # ___

NAME: _____ FULL NAME: _____

ACQUIRED DATE: _____ FROM: _____

light & temp	water	apply

☐ INDOOR ☐ OUTDOOR

PLANT NOTES:

_____

_____

_____

_____

_____

_____

_____

_____

_____

_____

PLANT # ___

NAME: _____ FULL NAME: _____

ACQUIRED DATE: _____ FROM: _____

light & temp	water	apply

☐ INDOOR ☐ OUTDOOR

PLANT NOTES:

_____

_____

_____

_____

_____

_____

_____

_____

_____

_____

PLANT # ___

NAME: _____ FULL NAME: _____

ACQUIRED DATE: _____ FROM: _____

light & temp	water	apply

☐ INDOOR ☐ OUTDOOR

PLANT NOTES:

_____

_____

_____

_____

_____

_____

_____

_____

_____

_____

PLANT # ____

NAME: _____ FULL NAME: _____

ACQUIRED DATE: _____ FROM: _____

light & temp	water	apply

☐ INDOOR ☐ OUTDOOR

PLANT NOTES:

_____

_____

_____

_____

_____

_____

_____

_____

_____

_____

PLANT # ___

NAME: _____ FULL NAME: _____

ACQUIRED DATE: _____ FROM: _____

light & temp	water	apply

☐ INDOOR ☐ OUTDOOR

PLANT NOTES:

_____

_____

_____

_____

_____

_____

_____

_____

_____

_____

PLANT # ___

NAME: _____ FULL NAME: _____

ACQUIRED DATE: _____ FROM: _____

light & temp	water	apply

☐ INDOOR ☐ OUTDOOR

PLANT NOTES:

_____

_____

_____

_____

_____

_____

_____

_____

_____

_____

PLANT # ___

NAME: _____ FULL NAME: _____

ACQUIRED DATE: _____ FROM: _____

light & temp	water	apply

☐ INDOOR ☐ OUTDOOR

PLANT NOTES:

_____

_____

_____

_____

_____

_____

_____

_____

_____

_____

_____

PLANT # ___

NAME: _____ FULL NAME: _____

ACQUIRED DATE: _____ FROM: _____

light & temp	water	apply

☐ INDOOR ☐ OUTDOOR

PLANT NOTES:

_____

_____

_____

_____

_____

_____

_____

_____

_____

_____

PLANT # ___

NAME: _____ FULL NAME: _____

ACQUIRED DATE: _____ FROM: _____

light & temp	water	apply

☐ INDOOR ☐ OUTDOOR

PLANT NOTES:

_____

_____

_____

_____

_____

_____

_____

_____

_____

_____

PLANT # ___

NAME: _____ FULL NAME: _____

ACQUIRED DATE: _____ FROM: _____

light & temp	water	apply

☐ INDOOR ☐ OUTDOOR

PLANT NOTES:

_____

_____

_____

_____

_____

_____

_____

_____

_____

_____

PLANT # ___

NAME: _____ FULL NAME: _____

ACQUIRED DATE: _____ FROM: _____

light & temp	water	apply

☐ INDOOR ☐ OUTDOOR

PLANT NOTES:

_____

_____

_____

_____

_____

_____

_____

_____

_____

_____

_____

PLANT # ___

NAME: _____ FULL NAME: _____

ACQUIRED DATE: _____ FROM: _____

light & temp	water	apply

☐ INDOOR ☐ OUTDOOR

PLANT NOTES:

_____

_____

_____

_____

_____

_____

_____

_____

_____

_____

PLANT # ___

NAME: _____ FULL NAME: _____

ACQUIRED DATE: _____ FROM: _____

light & temp	water	apply

☐ INDOOR ☐ OUTDOOR

PLANT NOTES:

_____

_____

_____

_____

_____

_____

_____

_____

_____

_____

PLANT # ___

NAME: _____ FULL NAME: _____

ACQUIRED DATE: _____ FROM: _____

light & temp	water	apply

☐ INDOOR ☐ OUTDOOR

PLANT NOTES:

_____

_____

_____

_____

_____

_____

_____

_____

_____

_____

PLANT # ___

NAME: _____ FULL NAME: _____

ACQUIRED DATE: _____ FROM: _____

light & temp	water	apply

☐ INDOOR ☐ OUTDOOR

PLANT NOTES:

_____

_____

_____

_____

_____

_____

_____

_____

_____

_____

_____

PLANT # ___

NAME: _____ FULL NAME: _____

ACQUIRED DATE: _____ FROM: _____

light & temp	water	apply

☐ INDOOR ☐ OUTDOOR

PLANT NOTES:

_____

_____

_____

_____

_____

_____

_____

_____

_____

_____

PLANT # ___

NAME: _____ FULL NAME: _____

ACQUIRED DATE: _____ FROM: _____

light & temp	water	apply

☐ INDOOR   ☐ OUTDOOR

PLANT NOTES:

_____

_____

_____

_____

_____

_____

_____

_____

_____

_____

PLANT # ___

NAME: _____ FULL NAME: _____

ACQUIRED DATE: _____ FROM: _____

light & temp	water	apply

☐ INDOOR ☐ OUTDOOR

PLANT NOTES:

_____

_____

_____

_____

_____

_____

_____

_____

_____

_____

PLANT # ___

NAME: _____ FULL NAME: _____

ACQUIRED DATE: _____ FROM: _____

light & temp	water	apply

☐ INDOOR ☐ OUTDOOR

PLANT NOTES:

_____

_____

_____

_____

_____

_____

_____

_____

_____

_____

_____

PLANT # ___

NAME: _____ FULL NAME: _____

ACQUIRED DATE: _____ FROM: _____

light & temp	water	apply

☐ INDOOR ☐ OUTDOOR

PLANT NOTES:

_____

_____

_____

_____

_____

_____

_____

_____

_____

_____

PLANT # ___

NAME: _____ FULL NAME: _____

ACQUIRED DATE: _____ FROM: _____

light & temp	water	apply

☐ INDOOR ☐ OUTDOOR

PLANT NOTES:

_____

_____

_____

_____

_____

_____

_____

_____

_____

_____

PLANT # ___

NAME: _____ FULL NAME: _____

ACQUIRED DATE: _____ FROM: _____

light & temp	water	apply

☐ INDOOR ☐ OUTDOOR

PLANT NOTES:

_____

_____

_____

_____

_____

_____

_____

_____

_____

_____

PLANT # ___

NAME: _____ FULL NAME: _____

ACQUIRED DATE: _____ FROM: _____

light & temp	water	apply

☐ INDOOR ☐ OUTDOOR

PLANT NOTES:

_____

_____

_____

_____

_____

_____

_____

_____

_____

_____

_____

PLANT # ___

NAME: _____ FULL NAME: _____

ACQUIRED DATE: _____ FROM: _____

light & temp	water	apply

☐ INDOOR ☐ OUTDOOR

PLANT NOTES:

_____

_____

_____

_____

_____

_____

_____

_____

_____

_____

PLANT # ___

NAME: _____ FULL NAME: _____

ACQUIRED DATE: _____ FROM: _____

light & temp	water	apply

☐ INDOOR ☐ OUTDOOR

PLANT NOTES:

_____

_____

_____

_____

_____

_____

_____

_____

_____

_____

_____

PLANT # ___

NAME: _____ FULL NAME: _____

ACQUIRED DATE: _____ FROM: _____

light & temp	water	apply

☐ INDOOR ☐ OUTDOOR

PLANT NOTES:

_____

_____

_____

_____

_____

_____

_____

_____

_____

_____

PLANT # ___

NAME: _____ FULL NAME: _____

ACQUIRED DATE: _____ FROM: _____

light & temp	water	apply

☐ INDOOR ☐ OUTDOOR

PLANT NOTES:

_____

_____

_____

_____

_____

_____

_____

_____

_____

_____

_____

PLANT # ____

NAME: _____ FULL NAME: _____

ACQUIRED DATE: _____ FROM: _____

light & temp	water	apply

☐ INDOOR ☐ OUTDOOR

PLANT NOTES:

_____

_____

_____

_____

_____

_____

_____

_____

_____

_____

PLANT # ___

NAME: _____ FULL NAME: _____

ACQUIRED DATE: _____ FROM: _____

light & temp	water	apply

☐ INDOOR ☐ OUTDOOR

PLANT NOTES:

_____

_____

_____

_____

_____

_____

_____

_____

_____

_____

_____

PLANT # ___

NAME: _____ FULL NAME: _____

ACQUIRED DATE: _____ FROM: _____

light & temp	water	apply

☐ INDOOR ☐ OUTDOOR

PLANT NOTES:

_____

_____

_____

_____

_____

_____

_____

_____

_____

_____

PLANT # ___

NAME: _____ FULL NAME: _____

ACQUIRED DATE: _____ FROM: _____

light & temp	water	apply

☐ INDOOR ☐ OUTDOOR

PLANT NOTES:

_____

_____

_____

_____

_____

_____

_____

_____

_____

PLANT # ____

NAME: _____ FULL NAME: _____

ACQUIRED DATE: _____ FROM: _____

light & temp	water	apply

☐ INDOOR ☐ OUTDOOR

PLANT NOTES:

_____

_____

_____

_____

_____

_____

_____

_____

_____

_____

PLANT # ___

NAME: _____ FULL NAME: _____

ACQUIRED DATE: _____ FROM: _____

light & temp	water	apply

☐ INDOOR ☐ OUTDOOR

PLANT NOTES:

_____

_____

_____

_____

_____

_____

_____

_____

_____

_____

_____

PLANT # ___

NAME: _____ FULL NAME: _____

ACQUIRED DATE: _____ FROM: _____

light & temp	water	apply

☐ INDOOR ☐ OUTDOOR

PLANT NOTES:

_____

_____

_____

_____

_____

_____

_____

_____

_____

_____

PLANT # ___

NAME: _____ FULL NAME: _____

ACQUIRED DATE: _____ FROM: _____

light & temp	water	apply

☐ INDOOR ☐ OUTDOOR

PLANT NOTES:

_____

_____

_____

_____

_____

_____

_____

_____

_____

_____

_____

PLANT # ___

NAME: _____ FULL NAME: _____

ACQUIRED DATE: _____ FROM: _____

light & temp	water	apply

☐ INDOOR ☐ OUTDOOR

PLANT NOTES:

_____

_____

_____

_____

_____

_____

_____

_____

_____

_____

PLANT # ___

NAME: _____ FULL NAME: _____

ACQUIRED DATE: _____ FROM: _____

light & temp	water	apply

☐ INDOOR ☐ OUTDOOR

PLANT NOTES:

_____

_____

_____

_____

_____

_____

_____

_____

_____

_____

PLANT # ___

NAME: _____ FULL NAME: _____

ACQUIRED DATE: _____ FROM: _____

light & temp	water	apply

☐ INDOOR ☐ OUTDOOR

PLANT NOTES:

_____

_____

_____

_____

_____

_____

_____

_____

_____

_____

_____

PLANT # ___

NAME: _____ FULL NAME: _____

ACQUIRED DATE: _____ FROM: _____

light & temp	water	apply

☐ INDOOR ☐ OUTDOOR

PLANT NOTES:

_____

_____

_____

_____

_____

_____

_____

_____

_____

_____

PLANT # ____

NAME: _____ FULL NAME: _____

ACQUIRED DATE: _____ FROM: _____

light & temp	water	apply

☐ INDOOR ☐ OUTDOOR

PLANT NOTES:

_____

_____

_____

_____

_____

_____

_____

_____

_____

_____

PLANT # ___

NAME: _____ FULL NAME: _____

ACQUIRED DATE: _____ FROM: _____

light & temp	water	apply

☐ INDOOR   ☐ OUTDOOR

PLANT NOTES:

_____

_____

_____

_____

_____

_____

_____

_____

_____

_____

_____

PLANT # ___

Made in the USA
Coppell, TX
26 October 2019

10503591R00028